Η ΘΕΩΡΙΑ ΤΗΣ ΕΞΕΛΙΞΗΣ ΤΟΥ ΔΑΡΒΙΝΟΥ

Η εμφάνιση των ειδών

Η ΘΕΩΡΙΑ ΤΗΣ ΕΞΕΛΙΞΗΣ ΤΟΥ ΔΑΡΒΙΝΟΥ

Η εμφάνιση των ειδών

γραμμένο από Romain Parmentier
μεταφρασμένο από Lina Sideris

50MINUTES.com

Η ΘΕΩΡΙΑ ΤΗΣ ΕΞΕΛΙΞΗΣ ΤΟΥ ΔΑΡΒΙΝΟΥ

ΒΑΣΙΚΕΣ ΠΛΗΡΟΦΟΡΙΕΣ

- **Πότε:** 24 Νοεμβρίου 1859

- **Πού:** Λονδίνο

- **Πλαίσιο:** [th] .

- **Συντελεστές: Α:**

  - Κάρολος Δαρβίνος, Βρετανός φυσιοδίφης (1809-1882)

  - Άλφρεντ Ράσελ Γουάλας, Βρετανός ταξιδιώτης και φυσιοδίφης (1823-1913)

- **Επιπτώσεις:**

  - Νέα αντίληψη για την προέλευση των ειδών στη φυσική ιστορία

  - Δημιουργία του Δαρβινισμού

Στις 24 Νοεμβρίου 1859, κυκλοφόρησε για πρώτη φορά το βιβλίο με τίτλο *Η καταγωγή των ειδών μέσω της φυσικής επιλογής ή η διατήρηση των ευνοημένων φυλών στον αγώνα για τη ζωή*. Το βιβλίο, το οποίο ανατυπώθηκε πολλές φορές και μεταφράστηκε σε πολλές γλώσσες, αναστάτωσε την κοινή γνώμη του 19ου αιώνα. Ο συγγραφέας του, ο Κάρολος Δαρβίνος, υποστήριζε ότι όλα τα είδη που κατοικούν στη Γη είναι το αποτέλεσμα μιας αργής εξέλιξης και ότι συνεχίζουν να εξελίσσονται σε έναν απελπισμένο αγώνα για επιβίωση. Δεν είναι όμως αυτά τα είδη αναλλοίωτα όντα, που ζουν σε μια γενναιόδωρη φύση σύμφωνα με τη θέληση του Θεού; Το χάσμα μεταξύ αυτών των δύο ιδεών είναι εντυπωσιακό.

Ο Κάρολος Δαρβίνος χρειάστηκε πολλά χρόνια για να μεταγράψει τις σκέψεις του και τη θεωρία του. Γοητευμένος από τις φυσικές επιστήμες, ήταν κυρίως το ταξίδι του ως φυσιοδίφης στο *Beagle που* έθεσε τις βάσεις για τις επαναστατικές ιδέες του. Αφού αναχώρησε τον Δεκέμβριο του 1831, το πλοίο επέστρεψε στην Αγγλία τον Οκτώβριο του 1836. Κατά τη διάρκεια αυτών των πέντε ετών, ο νεαρός επιστήμονας βρήκε την ευκαιρία να συλλέξει και να μελετήσει πλήθος ειδών ζώων και φυτών. Υπέστη επίσης μια σειρά εμπειριών που άλλαξαν για πάντα την άποψή του για τη φύση.

Μετά την επιστροφή του, ο Κάρολος Δαρβίνος συγκέντρωσε τις σκέψεις του. Το 1839 κατέληξε στο συμπέρασμα ότι τα είδη υφίστανται αλλαγές, επιτρέποντας την εξέλιξη μέσω της φυσικής επιλογής στον αγώνα για επιβίωση. Κατατρωμένος από το άγχος να αντιμετωπίσει τις συνέπειες που θα μπορούσε να προκαλέσει μια τέτοια επιστημονική αναστάτωση, ο Δαρβίνος χρειάστηκε είκοσι χρόνια για να ολοκληρώσει το έργο του, προσπαθώντας να δώσει απαντήσεις σε όσους θα το αμφισβητούσαν, και σημάδεψε για πάντα την ιστορία του κόσμου.

ΠΟΛΙΤΙΚΟ, ΟΙΚΟΝΟΜΙΚΟ ΚΑΙ ΚΟΙΝΩΝΙΚΟ ΠΛΑΙΣΙΟ

ΒΡΕΤΑΝΙΑ ΣΕ ΟΛΟ ΤΟΝ ΚΟΣΜΟ

Ο 19ος αιώνας ήταν αναμφίβολα η εποχή της Βρετανίας. Πράγματι, η χώρα στην οποία γεννήθηκε ο Κάρολος Δαρβίνος βρισκόταν στο απόγειό της. Παρόλο που η άνοδος της ισχύος της εξελισσόταν εδώ και πολλές δεκαετίες, επιταχύνθηκε ιδιαίτερα στα τέλη του 18ου και τον 19ο αιώνα. Η Βρετανία ήταν η πρώτη που εισήλθε στη βιομηχανική επανάσταση του σιδήρου, του άνθρακα και της ατμομηχανής, δίνοντάς της την ευκαιρία να προηγηθεί όλων των άλλων εθνών. Η βιομηχανία ανέπτυξε στη συνέχεια σημαντικά τη βρετανική οικονομία και η Βρετανία εξήγαγε όλο και περισσότερα αγαθά, σε σημείο να γίνει η μεγαλύτερη οικονομία του κόσμου.

Ένας άλλος παράγοντας που σηματοδοτεί επίσης τη σημασία της Βρετανίας του 19ου αιώνα είναι η σημασία των εδαφών της. Στα τέλη του προηγούμενου αιώνα, όταν η χώρα έχασε τις αμερικανικές αποικίες της μετά τον Πόλεμο της Ανεξαρτησίας (1775-1783), εξακολουθούσε ωστόσο να κατέχει τον Καναδά και πολλά εδάφη στην Καραϊβική. Ενισχύοντας τη δύναμη του ναυτικού της, η Βρετανία συνέχισε αδυσώπητα τις εδαφικές κατακτήσεις της. Πολλές εκστρατείες της επέτρεψαν να αποκτήσει την Αυστραλία, τη Νέα Ζηλανδία και πολλά νησιά του Ειρηνικού. Επιπλέον, η Ινδία, την οποία τόσο πολύ επιθυμούσαν όλες οι ευρωπαϊκές χώρες, κατακτήθηκε σταδιακά από τους Βρετανούς μεταξύ του 1757 και του 1858, όταν η περιοχή πέρασε οριστικά υπό την εξουσία του Στέμματος. Τέλος, η Αφρική αποτέλεσε αντικείμενο σκληρού αγώνα μεταξύ των ευρωπαϊκών δυνάμεων κατά το δεύτερο μισό του 19ου αιώνα. Εκεί, η Βρετανία χάραξε μια πραγματική αυτοκρατορία για τον εαυτό της, με αποικίες που εκτείνονταν από το Κάιρο μέχρι το Κέιπ Τάουν.

Ο έλεγχος των θαλασσών από τη Βρετανία προέκυψε επίσης από τις νίκες της επί των ευρωπαίων αντιπάλων της, αρχής γενομένης από τη Γαλλία. Μετά τους πολέμους της Γαλλικής Επανάστασης και τους Ναπολεόντειους Πολέμους (1793-1815), οι Βρετανοί έβγαλαν τελικά τους Γάλλους και τους Ισπανούς ανταγωνιστές από την κούρσα, μετατρέποντας τη χώρα στην πρώτη ναυτική δύναμη. Η Συνθήκη της Βιέννης του 1815 παραχώρησε επίσης στη Βρετανία μια σειρά από οχυρωμένες βάσεις, όπως το Γιβραλτάρ, το Φρίταουν (Σιέρα Λεόνε), η Αγία Ελένη, το Κέιπ Τάουν, ο Μαυρίκιος, η Κεϋλάνη και η Μάλτα, οι οποίες στο εξής χρησίμευαν για τη διασφάλιση της επικοινωνίας μεταξύ των αποικιών και της μητρόπολης.

Ο ΑΙΩΝΑΣ ΤΗΣ ΕΠΙΣΤΗΜΗΣ

Κληρονομημένος από τον Διαφωτισμό, στόχος του οποίου ήταν η καταπολέμηση του σκοταδισμού, ο ενθουσιασμός για την επιστημονική έρευνα συνεχίστηκε και επιταχύνθηκε σε έναν 19ο αιώνα που ήταν ταυτόχρονα ρομαντικός και θετικιστικός.

Με βάση το έργο του πατέρα της σύγχρονης χημείας, του Λαβουαζιέ (1743-1794), στον οποίο οφείλουμε την πρώτη απομόνωση των χημικών στοιχείων, οι διάδοχοί του ανακάλυψαν σχεδόν όλα τα στοιχεία τον 19ο αιώνα. Το 1869, ο Ρώσος χημικός Μεντελέγιεφ (1834-1907) τα ταξινόμησε σύμφωνα με τα ατομικά τους βάρη στον περίφημο περιοδικό του πίνακα.

Ο τομέας του ηλεκτρισμού γνώρισε μάλιστα την πρώτη του επιτυχία με την εφεύρεση της μπαταρίας από τον Αλεσάντρο Βόλτα (Ιταλός φυσικός, 1745-1827) το 1800. Πολλές άλλες ανακαλύψεις προέκυψαν από αυτή την εφεύρεση, όπως η αρχή της ηλεκτρόλυσης που αποκάλυψε ο Anthony Carlisle (Βρετανός φυσιολόγος, 1768-1840) και ο ηλεκτρομαγνητισμός που ανακάλυψαν ο André Marie Ampere (Γάλλος φυσικός, 1775-1836) και ο Michael Faraday (Βρετανός χημικός και φυσικός, 1791-1867).

Στην ιατρική, η αναισθησία άρχισε να χρησιμοποιείται ευρύτερα το 1844 χάρη στον αιθέρα. Η πρόοδος συνεχίστηκε επίσης στον τομέα των αντιβιοτικών και των εμβολίων, ιδίως με το έργο του Λουί Παστέρ (Γάλλος χημικός και βιολόγος, 1822-1895).

Αυτή η δίψα για γνώση ώθησε επίσης τους Ευρωπαίους διανοούμενους να εξερευνήσουν τις διάφορες περιοχές του κόσμου προκειμένου να κατανοήσουν πώς λειτουργεί. Σε αυτές τις μεγάλες επιστημονικές αποστολές συμμετείχαν χαρτογράφοι, οι οποίοι ήταν υπεύθυνοι για τη συνεχή βελτίωση των χαρτών απομακρυσμένων περιοχών, αστρολόγοι που, μέσω των παρατηρήσεών τους, διεύρυναν τη γνώση του σύμπαντος, αλλά και πολλοί φυσιοδίφες που συνέλεγαν και ανακάλυπταν συνεχώς είδη ζώων και φυτών. Πρωταρχικός στόχος δεν ήταν πλέον τόσο η ανακάλυψη νέων εδαφών, όσο η εμβάθυνση της κατανόησης του κόσμου και των πάντων σε αυτόν.

ΠΡΙΝ ΑΠΟ ΤΟΝ ΔΑΡΒΙΝΙΣΜΟ: ΜΕΤΑΣΧΗΜΑΤΙΣΜΟΣ

Μέχρι τις αρχές ^{του 19ου αιώνα}, μια ιδέα κυριαρχούσε σε όλα: ο δημιουργισμός. Ακολουθώντας τις βιβλικές επιταγές της Γένεσης, όλα τα είδη θεωρούνταν αμετάβλητα, αφού προέκυψαν αυθόρμητα και ανεξάρτητα το ένα από το άλλο σύμφωνα με τη θέληση του Θεού. Επιπλέον, η γεωλογική χρονική κλίμακα της εποχής ήταν αρκετά διαφορετική από αυτήν που γνωρίζουμε σήμερα. Πράγματι, εντόπιζε τη δημιουργία της Γης την Κυριακή 23 Οκτωβρίου 4004 π.Χ., γεγονός που δεν θα επέτρεπε τη θεωρία της εξέλιξης όπως την ξέρουμε σήμερα, καθώς ήταν τόσο λίγο καιρό πριν. Αυτή η βαθιά θρησκευτική τάση αναμεταδόθηκε στον επιστημονικό κόσμο από τον φιξισμό, ο οποίος δηλώνει ότι κάθε είδος έχει διασχίσει τους αιώνες χωρίς να αλλάξει, ή τουλάχιστον χωρίς να υποστεί σημαντικές αλλαγές. Ο φιξισμός απέκτησε σημασία τον 18ο αιώνα με το έργο του Καρλ Λινναίου (Σουηδός φυσιοδίφης και γιατρός, 1707-1778), ο οποίος σχεδίασε ένα σύστημα ταξινόμησης ειδών αποδίδοντας σε κάθε άτομο ένα λατινικό όνομα, ένα φύλο και ένα είδος. Το σύστημα, το οποίο χρησιμοποιείται ακόμη και σήμερα, θεωρήθηκε τότε ότι είναι σταθερό και αμετάβλητο, αντανακλώντας την αρχική διαίρεση που επιθυμούσε ο Δημιουργός.

 ΕΝΑΣ ΧΡΟΝΟΜΕΤΡΗΜΕΝΟΣ ΥΠΟΛΟΓΙΣΜΟΣ

Η ημερομηνία της δημιουργίας του κόσμου (Κυριακή 23 Οκτωβρίου 4004 π.Χ.) υπολογίστηκε τον 17ο αιώνα από τον Ιρλανδό αρχιεπίσκοπο James Ussher (1581-1656).

Καθιέρωσε τη χρονολόγησή της με βάση τη Βίβλο, η οποία αφηγείται ολόκληρη την ανδρική γραμμή από τον Αδάμ, τον πρώτο άνθρωπο, έως τον Σολομώντα (βασιλιά του Ισραήλ, 970-931 π.Χ.), λαμβάνοντας υπόψη την ηλικία που αναφέρεται για κάθε απόγονο. Στη συνέχεια έκανε τη σύνδεση με τη χρονολογία των βασιλιάδων του Ισραήλ και με απόλυτα χρονολογήσιμα γεγονότα που συνέβαιναν εκείνη την εποχή σε άλλους πολιτισμούς, όπως οι Ρωμαίοι. Αυτή η αντίστροφη μέτρηση ήταν που οδήγησε τελικά στο έτος 4004 π.Χ. Ο μήνας και το έτος καθορίστηκαν στη συνέχεια με βάση την αρχή του εβραϊκού έτους, η οποία ήταν η 23η Οκτωβρίου για εκείνο το έτος. Η ημέρα της Κυριακής επιλέχθηκε επίσης σύμφωνα με την εβραϊκή παράδοση. Σύμφωνα με τη Γένεση, ο Θεός δημιούργησε τον κόσμο σε έξι ημέρες και αναπαύθηκε την έβδομη ημέρα, η οποία για τους Εβραίους αντιστοιχεί στο Σάββατο, το Σαμπάτ. Η αρχή της δημιουργίας ήταν επομένως μια Κυριακή, η πρώτη ημέρα της εβραϊκής εβδομάδας.

Στις αρχές του 19ου αιώνα, ο Γάλλος φυσιοδίφης Georges Cuvier (1769-1832) ενσάρκωσε την τάση των Φιξιστών. Παραδόξως, ήταν ένας από τους επιστημονικούς θεμελιωτές των δύο μαθητών που στήριξαν τις εξελικτικές θεωρίες λίγες δεκαετίες αργότερα, δηλαδή της παλαιοντολογίας (η μελέτη των έμβιων όντων από απολιθώματα) και της συγκριτικής ανατομίας (μελέτες συγγένειας με βάση την ανατομία). Ωστόσο, παρά την ανακάλυψη εκατοντάδων απολιθωμάτων, ο Georges Cuvier τοποθετήθηκε ως υπερασπιστής του φιξισμού, πιστεύοντας ότι τα απολιθωμένα είδη δεν είχαν καμία σχέση με εκείνα της εποχής του. Πίστευε ότι ορισμένα είχαν εξαφανιστεί και άλλα είχαν δημιουργηθεί, εντελώς ανεξάρτητα. Για να στηρίξει την υπόθεσή του, χρησιμοποίησε μια θεωρία που επικαλείται μεγάλους κατακλυσμούς, ο τελευταίος από τους οποίους ήταν ο κατακλυσμός που ξεπέρασε η κιβωτός του Νώε.

Αν και ο φιξισμός κυριάρχησε, μια άλλη επιστημονική τάση που χρονολογείται από την αρχαιότητα αποκτούσε όλο και μεγαλύτερη σημασία εκείνη την εποχή: ο μετασχηματισμός. Σε αντίθεση με τους φιξιστές, οι μετασχηματιστές πίστευαν ότι τα είδη είχαν αλλάξει με την πάροδο του χρόνου ως απάντηση σε ορισμένες συνθήκες. Αναμεταδίδεται από τους μεγάλους φυσιοδίφες του Διαφωτισμού, όπως ο Georges Louis Leclerc de Buffon (1707-1788), ο μετασχηματισμός είδε πραγματικά την επιρροή του να αυξάνεται με τον Jean-Baptiste Lamarck (Γάλλος φυσιοδίφης, 1744-1829). Για τον τελευταίο, τα είδη υφίστανται αλλαγές σε μια συνεχή εξέλιξη προς μεγαλύτερη πολυπλοκότητα και πρόοδο. Έφτιαξε μάλιστα έναν νόμο – ο οποίος σήμερα είναι ξεπερασμένος – σχετικά με την κληρονομικότητα των χαρακτηριστικών, δηλώνοντας ότι ο μετασχηματισμός ενός οργάνου μεταβιβάζεται από γενιά σε γενιά, αλλάζοντας τα είδη. Το πιο γνωστό παράδειγμα για να υποστηρίξει τον ισχυρισμό του ήταν η καμηλοπάρδαλη, η οποία αναγκάστηκε να τρέφεται με φύλλα δέντρων και σταδιακά επέκτεινε το λαιμό της. Ο μετασχηματισμός αυτός έγινε τότε κληρονομικός. Παρόλο που η γενετική τον 20ό αιώνα απέδειξε ότι οι μετασχηματισμοί και οι μεταλλάξεις των ειδών είναι πολύ πιο πολύπλοκες, ο Ζαν-Μπατίστ Λαμάρκ παραμένει ωστόσο πρόδρομος της θεωρίας της εξέλιξης.

ΒΙΟΓΡΑΦΙΕΣ

ΚΑΡΟΛΟΣ ΔΑΡΒΙΝΟΣ

Ο Κάρολος Δαρβίνος, φυσιοδίφης και θεμελιωτής της θεωρίας της εξέλιξης, γεννήθηκε στις 12 Φεβρουαρίου 1809 στο Σριούσμπερι (Αγγλία) σε μια πλούσια και μορφωμένη οικογένεια. Πράγματι, οι παππούδες του ήταν ο γιατρός, βοτανολόγος, ζωολόγος και ποιητής Έρασμος Δαρβίνος (1731-1802) και ο διάσημος αγγειοπλάστης Josiah Wedgwood (1730-1795), ενώ ο πατέρας του, Robert Waring Darwin (1766-1848), ήταν γιατρός. Παρά την εξαιρετική αυτή οικογενειακή σταδιοδρομία, ο Κάρολος Δαρβίνος είχε πολύ μικρό ενδιαφέρον για το σχολείο, γεγονός που αντικατοπτριζόταν στους βαθμούς του. Ωστόσο, ήταν παθιασμένος με τη φύση και άρχισε να συλλέγει φυτά και έντομα από νεαρή ηλικία.

Το 1825, όταν ήταν 16 ετών, ο πατέρας του αποφάσισε να τον στείλει στο Πανεπιστήμιο του Εδιμβούργου για να σπουδάσει ιατρική. Όμως οι σπουδές αυτές έκαναν τον νεαρό να βαριέται ή και να αηδιάζει, οπότε και έφυγε δύο χρόνια αργότερα. Παρ' όλα αυτά, εκεί έλαβε τα πρώτα μαθήματα Φυσικής Ιστορίας, τα οποία επιβεβαίωσαν το πάθος του για τη βοτανική και τη ζωολογία. Καθώς ο νεαρός Δαρβίνος φαινόταν να μην έχει μια πραγματική κλίση, ο πατέρας του του πρότεινε να γίνει πάστορας, αλλά η θέση αυτή προϋπέθετε την απόκτηση διπλώματος. Ο Κάρολος Δαρβίνος ξεκίνησε τριετείς σπουδές στο Κέιμπριτζ, χωρίς ιδιαίτερο ενθουσιασμό, αλλά με την ευκαιρία να παρακολουθήσει μαθήματα βοτανικής. Στη συνέχεια έγινε φίλος με τον καθηγητή Τζον Χένσλοου (Βρετανός βοτανολόγος και γεωλόγος, 1796-1861).

Το 1831 πήρε τελικά το πτυχίο Bachelor of Arts και, μετά από συμβουλή του καθηγητή του, πήρε μέρος σε μια αποστολή με τον Adam Sedgwick (1785-1873) στη βόρεια Ουαλία λίγο αργότερα. Η εμπειρία αυτή τελειοποίησε τη φυσιολατρική κατάρτιση του Κάρολου Δαρβίνου, ο οποίος, εκτός από τη βοτανική και τη ζωολογία, ήταν πλέον εξοικειωμένος και με τη γεωλογία.

Φεύγοντας από το πανεπιστήμιο, δεν ήθελε να γίνει πάστορας. Αντίθετα, ονειρευόταν την περιπέτεια και τα ταξίδια, όπως οι μεγάλοι φυσιοδίφες της εποχής του. Και πάλι, ο John Henslow συμβούλευσε τον νεαρό και του πρότεινε να συμμετάσχει στην αποστολή του HMS *Beagle* ως φυσιοδίφης, φτάνοντας στο σημείο να στείλει συστατική επιστολή στον καπετάνιο του πλοίου, Robert FitzRoy (1805-1865). Ο Κάρολος Δαρβίνος επιλέχθηκε τελικά και επιβιβάστηκε στο πλοίο τον Δεκέμβριο του 1831, αφού κατάφερε να εξασφαλίσει την έγκριση του απρόθυμου πατέρα του. Αν και το ταξίδι είχε προγραμματιστεί να διαρκέσει δύο χρόνια, χρειάστηκαν πέντε χρόνια για να εκπληρώσει το *Beagle* την αποστολή του. Το ταξίδι αυτό υπήρξε καθοριστικό για τον Δαρβίνο, ο οποίος, παρατηρώντας, συλλέγοντας και αναλύοντας όλα τα είδη φυτών, ζώων και ορυκτών που βρήκε, άρχισε να διατυπώνει τη θεωρία που αργότερα θα τον έκανε διάσημο.

Επιστρέφοντας στην Αγγλία, συνειδητοποίησε ότι είχε γίνει γνωστός στους επιστημονικούς κύκλους. Ο John Henslow είχε πράγματι φροντίσει να δημοσιεύσει την ταξιδιωτική αλληλογραφία του νεαρού φυσιοδίφη. Με αυτή την υποστήριξη, ο Κάρολος Δαρβίνος είδε τη δυνατότητα να κερδίζει τα προς το ζην από την επιστημονική του έρευνα και εγκατέλειψε οριστικά την καριέρα του ως κληρικός. Το 1839 παντρεύτηκε, έγινε μέλος της Βασιλικής Εταιρείας και δημοσίευσε το ταξιδιωτικό του ημερολόγιο από το *Beagle*, το οποίο περιλάμβανε μια θεωρία για τους σχηματισμούς των ατόλων.

Το 1858, ένας άλλος φυσιοδίφης, ο Άλφρεντ Ράσελ Γουάλας, του έστειλε το έργο του για μια θεωρία της εξέλιξης που ήταν παρόμοια με τη δική του. Υπό την πίεση των φίλων του, ο Δαρβίνος αποφάσισε τελικά να δημοσιεύσει το έργο του, ώστε να προλάβει τον Γουάλας. Στις 24 Νοεμβρίου 1859 κυκλοφόρησε στα βιβλιοπωλεία το βιβλίο *"Η καταγωγή των ειδών μέσω της φυσικής επιλογής ή η διατήρηση των ευνοημένων φυλών στον αγώνα για τη ζωή"*. Η επιτυχία ήταν άμεση.

Μετά τη δημοσίευση αυτή, ολόκληρος ο τομέας της βιολογίας ανατράπηκε και έγιναν έντονες συζητήσεις στην επιστημονική κοινότητα. Ωστόσο, ο Κάρολος Δαρβίνος, μένοντας μακριά από τις αντιπαραθέσεις, συνέχισε να αφοσιώνεται στην έρευνά του, δημοσιεύοντας πολλά άλλα συγγράμματα και βελτιώνοντας τη θεωρία του. Πέθανε στις 19 Απριλίου 1882, στο Ντάουν του Κεντ.

ALFRED RUSSEL WALLACE

Ο Alfred Russel Wallace ήταν φυσιοδίφης που γεννήθηκε στις 8 Ιανουαρίου στο Usk (Ουαλία). Γοητευμένος από τις φυσικές επιστήμες, από το 1848 έως το 1852 πραγματοποίησε ταξίδια στη Νότια Αμερική όπου, όπως και άλλοι φυσιοδίφες, συνέλεξε, παρατήρησε και εξερεύνησε όλα τα είδη. Στη συνέχεια, ξεκίνησε και πάλι το 1854 για το Αρχιπέλαγος της Μαλαισίας και εγκαταστάθηκε κυρίως στο Βόρνεο.

Ακολουθώντας τις παρατηρήσεις του, όπως και ο Κάρολος Δαρβίνος, κατέληξε σύντομα στο συμπέρασμα ότι τα ζωικά και φυτικά είδη είναι το αποτέλεσμα μιας μακράς εξέλιξης, της οποίας η φυσική επιλογή είναι η κινητήρια δύναμη. Θέλοντας να αντιπαραβάλει τις ιδέες του, έστειλε το 1858 στον Δαρβίνο το έργο του *"Περί της τάσης των ποικιλιών να απομακρύνονται απεριόριστα από τον αρχικό τύπο"* (On the Tendcy of Varieties to Depart Indefinitely from Original Type). Βλέποντας πόσο προχωρημένο ήταν το έργο του Άλφρεντ Γουάλας, ο Δαρβίνος, ωθούμενος από τους φίλους του, αποφάσισε να δημοσιεύσει τη δική του θεωρία το συντομότερο δυνατό. Αναγνωρίζοντας το προβάδισμα του έργου του Καρόλου Δαρβίνου, ο Άλφρεντ Γουάλας συνέχισε να υπηρετεί τη θεωρία της εξέλιξης καθ' όλη τη διάρκεια της ζωής του.

Πέθανε στις 7 Νοεμβρίου 1913 στο Broadstone (Αγγλία).

Η ΘΕΩΡΙΑ ΤΗΣ ΕΞΕΛΙΞΗΣ

ΕΝΑ ΤΑΞΙΔΙ ΜΕ ΤΟ *BEAGLE*

Ο Κάρολος Δαρβίνος είχε μόλις τελειώσει τις σπουδές του όταν του προσφέρθηκε η ευκαιρία να συμμετάσχει σε μια επιστημονική αποστολή του βρετανικού ναυαρχείου στο *Beagle*. Υπό τη διοίκηση του καπετάνιου Ρόμπερτ Φιτζρόι, η αποστολή είχε ως στόχο να συνεχίσει τη χαρτογράφηση της Παταγονίας και της Γης του Πυρός, η οποία είχε αρχίσει το 1826, και στη συνέχεια να πραγματοποιήσει έρευνες στις ακτές της Χιλής, του Περού και ορισμένων νησιών του Ειρηνικού.

Επιβιβάστηκε στο *Beagle* και αναχώρησε την Τετάρτη 27 Δεκεμβρίου 1831, για μια περίοδο πέντε ετών. Σε ηλικία 22 ετών κατά την αναχώρηση, ο φυσιοδίφης ισχυρίστηκε αργότερα ότι "το ταξίδι του Beagle [ήταν] μακράν το σημαντικότερο γεγονός στη ζωή [του] και... καθόρισε [ολόκληρη] τη σταδιοδρομία του" (Darwin, 2002).

Παρά τη ναυτία, ο νεαρός φυσιοδίφης απόλαυσε την αποστολή του στο *Beagle*. Ο κυβερνήτης του επέτρεψε να πραγματοποιεί μακρινές εξορμήσεις στην ακτή, ώστε να μπορεί να εξερευνήσει, να συλλέξει, να μελετήσει και να εγκλιματίσει όλα τα είδη που είχε στη διάθεσή του. Μετά από αρκετές στάσεις και ένα μακρύ διάπλου του Ατλαντικού, το πλοίο έφτασε στον κόλπο του Ρίο στις 4 Απριλίου 1832. Εκεί, προγραμματίστηκε μια στάση δύο μηνών, η οποία έδωσε στον Δαρβίνο την πλήρη ελευθερία να επιχειρήσει στο τροπικό δάσος.

Γοητευμένος από την απίστευτη ποικιλομορφία της φύσης, ο νεαρός άνδρας γοητεύτηκε επίσης από το χάος του δάσους, όπου η ζωή βρισκόταν δίπλα στο θάνατο και τη φθορά, καθώς και από τον άγριο αγώνα μεταξύ των ειδών για την επιβίωση. Αυτό το θέαμα ήταν πρωτόγνωρο γι' αυτόν. Μέχρι τότε, όλοι θεωρούσαν το τροπικό δάσος έναν υπέροχο κήπο της Εδέμ, όπου η φύση ήταν καλή, σύμφωνα με τη θεία βούληση. Αλλά εκεί, ο φυσιοδίφης ανακάλυψε το αντίθετο. Η επιβίωση καθόριζε τη συμπεριφορά των ατόμων σε αυτό το εχθρικό περιβάλλον. Ο Δαρβίνος άρχισε ακούραστα μια γενική έρευνα για τις συνθήκες διαβίωσης των ειδών και τις μεταξύ τους σχέσεις.

Η ΩΡΑ ΤΗΣ ΑΝΑΚΡΙΣΗΣ

Το *Beagle* συνέχισε το ταξίδι του στις 5 Ιουλίου και έφτασε στην Bahia Blanca (νότια του Μπουένος Άιρες) στις 7 Σεπτεμβρίου. Κατά τη διάρκεια μιας εκδρομής, ο Κάρολος Δαρβίνος ανακάλυψε απολιθωμένα οστά. Αν και είχε ήδη δει μερικά, αυτή ήταν η πρώτη ευκαιρία που είχε να τα εξετάσει στη φυσική τους θέση ανάπαυσης. Στη συνέχεια παρατήρησε ότι τα οστά ήταν τοποθετημένα σε διαφορετικά γεωλογικά στρώματα, γεγονός που καταδεικνύει μια ανύψωση του εδάφους. Ωστόσο, η προσοχή του παρέμεινε εστιασμένη στα υπολείμματα του γιγάντιου θηλαστικού, τα οποία παραδόξως είχαν ομοιότητες με άλλα είδη που ήταν ακόμη ζωντανά, ενώ οι επιταγές του Georges Cuvier δήλωναν το αντίθετο. Αυτό το θηλαστικό, στο οποίο δόθηκε το όνομα Megatherium, ήταν στην πραγματικότητα ένας γιγάντιος βραδύποδας που είχε εξαφανιστεί εδώ και 11 000 χρόνια.

Αυτή η ανακάλυψη γοήτευσε τον Κάρολο Δαρβίνο και τροφοδότησε τις σκέψεις του. Υπήρχε κάποια σχέση μεταξύ των εξαφανισμένων και των ζωντανών ειδών; Είναι τα σημερινά είδη το αποτέλεσμα μιας μεταμόρφωσης των παλαιότερων ειδών; Για τον φυσιοδίφη, ήταν πολύ νωρίς για να απαντήσει σε τέτοια ερωτήματα. Παρ' όλα αυτά, οι ολοένα αυξανόμενες ανακαλύψεις και συλλογές του, τις οποίες μετέφερε στην Αγγλία μόλις του παρουσιάστηκε η ευκαιρία, άλλαξαν όλες τις προηγούμενες αντιλήψεις του για τον κόσμο και τη φύση.

Τον Δεκέμβριο του 1832, μια νέα εμπειρία ήρθε να ανατρέψει ακόμη περισσότερο τις νατουραλιστικές ιδέες. Το *Beagle* έφθασε στη Γη του Πυρός και επρόκειτο να αποβιβάσει έναν ιεραπόστολο και τρεις Φουέγιας (κάτοικοι της Γης του Πυρός). Τρία χρόνια πριν είχαν μεταφερθεί στην Αγγλία για να εκπαιδευτούν. Στόχος του πειράματος ήταν να τους επαναφέρουν στην αρχική τους φυλή για να εκπολιτίσουν τον υπόλοιπο πληθυσμό. Αν και αυτό το μέρος της αποστολής κατέληξε σε πλήρη αποτυχία, εξυπηρέτησε σε μεγάλο βαθμό τους προβληματισμούς του φυσιοδίφη. Ο Κάρολος Δαρβίνος, ο οποίος συνάντησε για πρώτη φορά "πρωτόγονους" ανθρώπους, τρομοκρατήθηκε. Παρατήρησε τον βασικό τρόπο ζωής τους, τη συμπεριφορά τους που άγγιζε τα όρια της αγριότητας και τον αγώνα τους να επιβιώσουν σε ένα επισφαλές περιβάλλον. Ωστόσο, τρεις από αυτούς είχαν μορφωθεί, γεγονός που αποδείκνυε ότι δεν υπήρχε διανοητική υπεροχή, όπως πίστευαν πολλοί τότε, μεταξύ των "φυλών" των ανθρώπων. Επομένως, ήταν το περιβάλλον που επηρέαζε την ανθρώπινη κατάσταση. Μπροστά στο θέαμα των άγριων πληθυσμών σε όλο τον κόσμο, ο Κάρολος Δαρβίνος παρατήρησε ότι τα όρια μεταξύ ανθρώπου και ζώου ήταν πιο λεπτά από ό,τι ήθελαν να πιστεύουν οι θεολόγοι. Αντίθετα, ο Δαρβίνος δεν έβλεπε τον άνθρωπο ως ένα θεϊκό δημιούργημα που τοποθετείται πάνω από τα πάντα, αλλά ως ένα θηλαστικό ανάμεσα σε πολλά άλλα.

Μετά από πολλά ταξίδια και στάσεις στην Παταγονία, το *Beagle* πέρασε τον Ιούνιο του 1834 από τα Στενά του Μαγγελάνου. Στις 23 Ιουλίου έφτασε στο Βαλπαραΐσο της Χιλής. Ο Κάρολος Δαρβίνος ξεκίνησε μια πρώτη εκδρομή στις Άνδεις και, προς μεγάλη του έκπληξη, ανακάλυψε απολιθωμένα όστρακα σε υψόμετρο 4 000 μέτρων. Αυτή η ανησυχητική εμπειρία τον έκανε να συνειδητοποιήσει ότι το έδαφος είχε ανυψωθεί έντονα από άγνωστες δυνάμεις. Επιπλέον, ένα τέτοιο γεγονός θα πρέπει να είχε συμβεί σε μεγάλο χρονικό διάστημα, γεγονός που έθετε υπό αμφισβήτηση τις ιδέες του για τον γεωλογικό χρόνο που αντλούσε από τη Βίβλο. Στη συνέχεια το *Beagle* επέστρεψε κατά μήκος της ακτής προς τη Βαλντίβια (λιμάνι της Χιλής), όπου έφτασε τον Φεβρουάριο του 1835, πριν επιστρέψει στο Βαλπαραΐσο τον Μάρτιο, όπου ο φυσιοδίφης εξερεύνησε για δεύτερη φορά τις Άνδεις. Στη Βαλντίβια, ο Κάρολος Δαρβίνος ήρθε αντιμέτωπος με έναν βίαιο σεισμό, ο οποίος τον έκανε να συνειδητοποιήσει την απίστευτη δύναμη της φύσης και, ειδικότερα, την αστάθεια ενός κόσμου που μεταβάλλεται συνεχώς.

ΤΑ ΝΗΣΙΑ ΓΚΑΛΑΠΑΓΚΟΣ ΚΑΙ ΟΙ ΣΠΙΝΟΙ ΤΟΥΣ

Αφού έφτασε στη Λίμα (Περού), η αποστολή κατευθύνθηκε προς τα νησιά Γκαλαπάγκος, για τα οποία ο Κάρολος Δαρβίνος ήταν ευτυχής. Αυτό το στάδιο του ταξιδιού ήταν πράγματι κρίσιμο για τον φυσιοδίφη στην ανάπτυξη της θεωρίας του. Το *Beagle* έφτασε στο νησί Τσάθαμ στις 17 Σεπτεμβρίου 1835 και ο Δαρβίνος άρχισε αμέσως την εξερεύνησή του. Μετακινούμενος από νησί σε νησί, παρατήρησε ότι στο αρχιπέλαγος αυτό υπήρχαν είδη που δεν μπορούσαν να βρεθούν πουθενά αλλού. Μεταξύ των πιο γνωστών είναι οι γιγάντιες χελώνες, των οποίων είχε την ευκαιρία να δοκιμάσει το κρέας, και τα ιγκουάνα, τα οποία έριξε αρκετές φορές στο νερό για να δοκιμάσει την αντοχή τους στο νερό. Ο Κάρολος Δαρβίνος ενδιαφέρθηκε επίσης για τα πουλιά των νησιών, και συγκεκριμένα για τους σπίνος, οι οποίοι, πολλά χρόνια αργότερα, θα γίνονταν πραγματικά διάσημοι χάρη σε αυτόν.

Μεταξύ των 26 ειδών χερσαίων πτηνών που συλλέχθηκαν, οι σπίνοι φαίνονταν με την πρώτη ματιά αρκετά συνηθισμένοι. Ωστόσο, μετά την παρατήρησή τους, ο Δαρβίνος διέκρινε όχι λιγότερα από δεκατρία είδη αυτών των μικρών πουλιών που διαφοροποιούνταν από το μέγεθος του ράμφους τους. Άλλοτε ήταν πολύ ανεπτυγμένα όπως τα γαρδούμπες, άλλοτε πολύ πιο λεπτά όπως οι σφυριχτές, και ανάμεσα στα δύο άκρα υπήρχε μια πληθώρα μεγεθών. Ο Κάρολος Δαρβίνος συνειδητοποίησε τη σημασία του παραδείγματος των σπίρνων μόνο πολύ αργότερα, ενώ ανέπτυσσε τη θεωρία του. Αποτελούν πράγματι απτή απόδειξη των παραλλαγών των ειδών.

Πιθανόν να προέρχονται από έναν κοινό πρόγονο της αμερικανικής ηπείρου, τα πουλιά αυτά έχουν αλλάξει με την πάροδο του χρόνου για να προσαρμοστούν στο σκληρό περιβάλλον των νησιών Γκαλαπάγκος. Καθώς η τροφή είναι περιορισμένη, τα είδη εξελίχθηκαν ώστε να περιλαμβάνουν συγκεκριμένα χαρακτηριστικά ανάλογα με την τροφή που είναι διαθέσιμη σε κάθε νησί. Ορισμένα έχουν γίνει σποροφάγα, ενώ άλλα είναι εντομοφάγα. Αλλά ακόμη και μέσα στην πρώτη κατηγορία, υπάρχουν ατομικότητες: πράγματι, ορισμένα τρέφονται με σκληρότερους, μεγαλύτερους σπόρους, τους οποίους μόνο ένα ισχυρότερο ράμφος θα μπορούσε να διασπάσει, ενώ άλλα τρέφονται με μικρότερους σπόρους που τρώγονται ευκολότερα, παρέχοντας τις απαραίτητες εξηγήσεις ως προς τους πολλούς τύπους ράμφους που μπορεί να βρεθούν σε αυτό το πτηνό.

Ακόμη και σήμερα, οι "σπίνοι του Δαρβίνου" μελετώνται για να παρατηρηθεί η εξέλιξη του είδους. Έτσι, σε περιόδους ξηρασίας, όταν η τροφή είναι λιγότερο άφθονη, οι βιολόγοι παρατηρούν μείωση του πληθυσμού των σπίρνων με μικρό ράμφος, καθώς δεν είναι σε θέση να σπάσουν τους μεγαλύτερους σπόρους όπως οι σπίνοι με μεγάλο ράμφος, οι οποίοι μπορούν να τρέφονται με τα πάντα. Η ανακάλυψη αυτή δείχνει λοιπόν ότι τα πιο προσαρμοσμένα είδη θα επιβιώσουν έναντι των λιγότερο προσαρμοσμένων. Παρόλο που ο Δαρβίνος δεν μιλούσε για φυσική επιλογή όταν ανακάλυψε τους σπίρνους, εντούτοις ήταν πεπεισμένος για τη μεταβολή των ειδών και την ειδίκευση (διαμόρφωση νέων ειδών).

Με την αποστολή του *Beagle* να φτάνει στο τέλος της, η επιστροφή στη Βρετανία μπορούσε επιτέλους να ξεκινήσει. Στις 20 Οκτωβρίου 1835, το πλοίο έφυγε από τα Γκαλαπάγκος και έφτασε διαδοχικά στην Ταϊτή, τη Νέα Ζηλανδία και την Αυστραλία. Τον Απρίλιο έφτασε στα νησιά Κόκος (νησιά του Ινδικού Ωκεανού), όπου ο Δαρβίνος ανέπτυξε τη θεωρία του για το σχηματισμό των ατόλων. Τον γοήτευσαν επίσης τα κοράλλια, τα διάφορα κλαδιά των οποίων ενέπνευσαν τα εξελικτικά του δέντρα (όπου τα είδη κινούνται προς πολλαπλές κατευθύνσεις). Τέλος, αφού ταξίδεψε μέσω του Μαυρίκιου, του Κέιπ Τάουν και του νησιού της Αγίας Ελένης, το πλοίο έφτασε στη Βρετανία στις 2 Οκτωβρίου 1836. Κατά τη διάρκεια του ταξιδιού, ο Κάρολος Δαρβίνος είχε γράψει 770 σελίδες σημειώσεων και είχε συλλέξει 1 529 είδη διατηρημένα σε αλκοόλη και 3 907 "ξηρά" είδη. Με μια τόσο μεγάλη βάση υλικού, ο προβληματισμός του φυσιοδίφη για τα ευρήματά του θα μπορούσε να συνεχιστεί για χρόνια.

ΕΠΙΒΙΩΣΗ ΤΟΥ ΙΣΧΥΡΟΤΕΡΟΥ

Μετά την επιστροφή του, ο Κάρολος Δαρβίνος παρατήρησε ότι είχε γίνει διάσημος. Οι επιστολές του προς τον Τζον Χένσλοου είχαν πράγματι διαβαστεί στους επιστημονικούς κύκλους, καθιστώντας τον έτσι γνωστό άνθρωπο της επιστήμης. Άρχισε αμέσως να καταγράφει τις συλλογές του και μάλιστα τις εμπιστεύτηκε σε πολλούς ειδικούς, ώστε να πάρει όσο το δυνατόν περισσότερες πληροφορίες. Τον Φεβρουάριο του 1837, τα πρώτα αποτελέσματα έπεσαν στο κενό, ιδίως όσον αφορά τους σπίνος των Γκαλαπάγκος: υπήρχαν 13 διαφορετικά είδη σπίνων, αλλά όλα ήταν πολύ κοντά το ένα στο άλλο. Εν τω μεταξύ, ο Κάρολος Δαρβίνος δούλευε πάνω στις σημειώσεις του, τις οποίες τελικά δημοσίευσε το 1839. Τέλος, από τον Ιούλιο του 1837 έως τον Ιούλιο του 1839, έγραψε τα πρώτα του βιβλία σχετικά με τη θεωρία του για την προέλευση των ειδών.

Ωστόσο, ο Δαρβίνος παρέμεινε προσεκτικός, γνωρίζοντας ότι οι ιδέες του ήταν επικίνδυνες για την εποχή. Ως εκ τούτου, παραμένοντας διακριτικός, περιτριγυρίστηκε από επιστήμονες, καθώς και από κτηνοτρόφους, κηπουρούς και φυτωριούχους για να συλλέξει νέα στοιχεία. Η θεωρία του διέφερε πλέον σαφώς από τον δημιουργισμό, αλλά και από τον μετασχηματισμό του Λαμάρκ. Έτσι, υπέθεσε ότι ο μετασχηματισμός των ειδών δεν είναι ελεγχόμενο αποτέλεσμα της επιθυμίας ενός ζώου να βελτιωθεί, αλλά μάλλον προσαρμογή στο περιβάλλον του. Επομένως, δεν ήταν οι καμηλοπαρδάλεις που τέντωναν τον λαιμό τους από την κατανάλωση φύλλων που βρίσκονταν στα δέντρα, αλλά οι καμηλοπαρδάλεις με τους μακρύτερους λαιμούς που είχαν τη δυνατότητα να έχουν περισσότερη τροφή και έτσι να επιβιώνουν. Μέσα από την παρατήρηση και τον προβληματισμό, ο Κάρολος Δαρβίνος κατάλαβε ότι αυτή η επιλογή ήταν ο ακρογωνιαίος λίθος της μεταμόρφωσης των ειδών.

Σημείωσε έτσι ότι οι εκτροφείς κατοικίδιων ζώων θα μπορούσαν να εντοπίσουν ελάχιστες διαφορές μεταξύ ορισμένων ζώων και να επιλέξουν τεχνητά τα καταλληλότερα ή τα ισχυρότερα για αναπαραγωγή, αλλάζοντας έτσι σταδιακά το είδος. Στη φύση συμβαίνει επίσης αυτή η επιλογή, αλλά πρόκειται για φυσική επιλογή. Ωστόσο, ο Δαρβίνος δεν είχε ακόμη κατανοήσει πώς γίνεται αυτή η επιλογή στη φύση. Ποια ήταν η αιτία; Συνεχίζοντας την ανάλυσή του και κυρίως το διάβασμά του, βρήκε τελικά την απάντηση στο βιβλίο του Thomas Malthus (Βρετανός οικονομολόγος, 1766-1834) *An Essay on the Principle of Population,* στο οποίο παρουσιάζεται ο ανθρώπινος αγώνας για επιβίωση. Θυμούμενος τη σκληρή μάχη που έδιναν τα είδη στο τροπικό δάσος, ο Κάρολος Δαρβίνος συνειδητοποίησε ότι είχε βρει τον λόγο της φυσικής επιλογής: τον αγώνα για επιβίωση. Σε ένα εχθρικό περιβάλλον, όταν οι συνθήκες διαβίωσης του περιβάλλοντος αλλάζουν, μόνο οι πιο προσαρμοσμένοι θα επιβιώσουν και θα αναπαραχθούν, μετασχηματίζοντας σταδιακά το είδος. Ο φυσιοδίφης είχε πλέον τη βάση της θεωρίας του, αλλά η ανησυχία του για την επανάσταση που θα προκαλούσε εμπόδιζε διαρκώς τη συγγραφή και τη δημοσίευση του βιβλίου του.

Η ΚΑΤΑΓΩΓΗ ΤΩΝ ΕΙΔΩΝ ΜΕΣΩ ΤΗΣ ΦΥΣΙΚΗΣ ΕΠΙΛΟΓΗΣ

Ο Κάρολος Δαρβίνος έγραφε συνεχώς τα επόμενα είκοσι χρόνια (1839-1859). Έγραψε έργα για τις ατόλες, τα ηφαιστειακά νησιά και τη ζωολογία από το ταξίδι του με το *Beagle*. Το 1842 και το 1844 έγραψε επίσης δύο προσχέδια της θεωρίας του για την εξέλιξη, αλλά συνέχισε ακούραστα να συλλέγει στοιχεία προτού σκεφτεί να τα δημοσιεύσει. Εν τω μεταξύ, από το 1846 έως το 1852, ο Δαρβίνος αφιερώθηκε στη μελέτη των αχιβάδων (καρκινοειδών), προκειμένου να οικοδομήσει περαιτέρω τη φήμη του, συνεχίζοντας παράλληλα το κύριο έργο του.

Από το 1856, ο Δαρβίνος άρχισε να γράφει το βιβλίο του και τον Μάρτιο του 1858, ολοκληρώθηκαν δέκα κεφάλαια, συμπεριλαμβανομένου αυτού που ήταν αφιερωμένο στη φυσική επιλογή. Η πραγματική του έκδοση επισπεύσθηκε ωστόσο από ένα εξωτερικό στοιχείο. Ένας άλλος φυσιοδίφης, ο Άλφρεντ Γουάλας, έστειλε στον Δαρβίνο τα δικά του έργα, τα οποία αποδείχθηκαν εξαιρετικά παρόμοια με τα δικά του. Ενθαρρυμένος από τους φίλους του, ο Δαρβίνος παρουσίασε την 1η Ιουλίου 1858 ένα δείγμα της εργασίας του μαζί με το δοκίμιο του Άλφρεντ Γουάλας, αλλά δήλωσε ότι εργαζόταν πάνω στη θεωρία από το 1839. Αν και το δοκίμιο έγινε δεκτό με τη μεγαλύτερη δυνατή αδιαφορία, ο φυσιοδίφης συνέχισε να γράφει το βιβλίο του. Τελικά, στις 24 Νοεμβρίου 1859, δημοσίευσε το έργο της ζωής του: *Για την καταγωγή των ειδών μέσω της φυσικής επιλογής ή τη διατήρηση των ευνοημένων φυλών στον αγώνα για τη ζωή*.

Μια εντελώς νέα θεωρία της εξέλιξης ήρθε στο φως. Σύμφωνα με τον Κάρολο Δαρβίνο, τα είδη δεν ήταν αναλλοίωτα, όπως υπονοούσε ο δημιουργισμός, αλλά το αποτέλεσμα μιας αργής διαδικασίας εξέλιξης από έναν κοινό πρόγονο. Δήλωσε ότι αυτή η αλλαγή διέπεται από τη φυσική επιλογή. Για κάθε είδος, οι αλλαγές μπορούν να συμβούν τυχαία. Αυτές μπορεί να είναι θετικές ή αρνητικές, ανάλογα με τις συνθήκες (περιβάλλον, κλίμα, τροφή, καμουφλάζ κ.λπ.). Στη συνέχεια μπορεί να λειτουργήσει η φυσική επιλογή. Εάν η εξέλιξη είναι πιο κατάλληλη για τις τρέχουσες συνθήκες, τότε τα άτομα αυτά θα έχουν περισσότερες πιθανότητες να επιβιώσουν και να αναπαραχθούν, μεταδίδοντας έτσι τα συγκεκριμένα χαρακτηριστικά τους στους απογόνους τους. Τα λιγότερο κατάλληλα είναι καταδικασμένα να εξαφανιστούν. Αυτή η αλλαγή είναι επομένως συνεχής. Δεν έχει ούτε κατεύθυνση, ούτε στόχο, ούτε συγκεκριμένο σκοπό που θα έτεινε προς μεγαλύτερη πρόοδο, αλλά είναι απλώς το αποτέλεσμα της καλύτερης προσαρμογής.

ΕΠΙΠΤΩΣΕΙΣ

ΘΡΗΣΚΕΥΤΙΚΗ ΚΑΙ ΕΠΙΣΤΗΜΟΝΙΚΗ ΑΝΤΙΘΕΣΗ

Η δημοσίευση του βιβλίου *Η καταγωγή των ειδών* γνώρισε άμεση επιτυχία, σε σημείο που η πρώτη έκδοση των 1 250 αντιτύπων εξαντλήθηκε σύντομα. Μέχρι το 1872 υπήρξαν έξι εκδόσεις του βιβλίου, με επιπλέον πληροφορίες για αναθεωρήσεις. Παρά την επιτυχία αυτή, το έργο προκάλεσε πολλές αντιπαραθέσεις. Καθώς δημοσιοποιήθηκε από την εφημερίδα, άρχισε στη Βρετανία μια πραγματική δημόσια συζήτηση σχετικά με το φυσιολατρικό βιβλίο μεταξύ των εξελικτικών και της Αγγλικανικής Εκκλησίας, ενώ η τελευταία υποστηριζόταν στον επιστημονικό κόσμο από τους φιξιστές.

Το έργο του Καρόλου Δαρβίνου προκάλεσε πράγματι την οργή της Εκκλησίας, επειδή παρέλειψε ή αρνήθηκε εντελώς την ύπαρξη του Θεού. Σύμφωνα με τις αντιλήψεις της εποχής, όλη η δημιουργία ήταν πράξη της θείας βούλησης, όπως διδάσκει η Βίβλος. Παρομοίως, η εικόνα μιας γενναιόδωρης φύσης υπονομεύτηκε πλήρως από τον Κάρολο Δαρβίνο. Αντ' αυτού, την παρουσίασε ως άγρια, καθώς είναι ο τόπος όπου η φυσική επιλογή ευνοεί αδίστακτα τον ισχυρότερο. Αποδεικνύοντας επιστημονικά ότι καμία θεϊκή παρέμβαση δεν βρίσκεται στο επίκεντρο της προέλευσης των ειδών και της εξέλιξής τους, ο Κάρολος Δαρβίνος ακύρωσε την έννοια του Θεού, και συνεπώς την ίδια την πίστη. Ωστόσο, εκείνη την εποχή, η Εκκλησία θεωρούσε τον εαυτό της ως εγγυητή της κοινωνικής τάξης. Η αρχή της εξέλιξης ήταν μάλιστα εχθρική προς τους φιξιστές που μόλις είχαν ολοκληρώσει την αμετάβλητη ταξινόμηση των ειδών σύμφωνα με το σύστημα Λινναίου.

Τέλος, το έργο του Καρόλου Δαρβίνου απέφυγε σκόπιμα το ζήτημα του ανθρώπου και της προέλευσής του. Ο συγγραφέας ήλπιζε να αποφύγει τα προβλήματα, αλλά η σιωπή του γρήγορα ερμηνεύτηκε, και μάλλον δικαίως, ως επιθυμία να μην κάνει καμία διάκριση μεταξύ του ανθρώπου και των άλλων ειδών. Ο άνθρωπος δεν είναι υπεράνω του αγώνα, αλλά αντίθετα υπόκειται, όπως και τα άλλα είδη, στους νόμους της εξέλιξης. Η άποψη αυτή σύντομα περιορίστηκε στην ιδέα ότι ο άνθρωπος εξελίχθηκε από τους πιθήκους – κάτι που ο Κάρολος Δαρβίνος δεν ισχυρίστηκε ποτέ στο βιβλίο του.

Οι επιθέσεις από κάθε πλευρά οδήγησαν τελικά σε μια μεγάλη συζήτηση που διεξήχθη στην Οξφόρδη στις 30 Ιουνίου 1860. Ο Δαρβίνος, που τότε υπέφερε, δεν συμμετείχε, αλλά εκπροσωπήθηκε από τον φίλο του Τόμας Χάξλεϊ (βρετανός φυσιολόγος, 1825-1895), ενώ ο επίσκοπος της Οξφόρδης Σάμιουελ Γουίλμπερφορς (1805-1873) μίλησε εκ μέρους της θρησκευτικής πλευράς. Η αντιπαράθεση μεταξύ των δύο ανδρών ήταν σκληρή. Ο επίσκοπος δεν δίστασε να ρωτήσει τον αντίπαλό του αν κατάγεται από πιθήκους μέσω του παππού του. Ο Τόμας Χάξλεϊ απάντησε: "Ο Τόμας Χάξλεϊ δεν είναι ο άνθρωπος που θα μπορούσε να κάνει κάτι τέτοιο: "Αν λοιπόν, είπα, μου τεθεί το ερώτημα, αν προτιμώ να έχω έναν άθλιο πίθηκο για παππού ή έναν άνθρωπο εξαιρετικά προικισμένο από τη φύση και με μεγάλα μέσα επιρροής, ο οποίος όμως χρησιμοποιεί αυτές τις ικανότητες και αυτή την επιρροή με μόνο σκοπό να εισάγει γελοιοποίηση σε μια σοβαρή επιστημονική συζήτηση, δηλώνω χωρίς δισταγμό ότι προτιμώ τον πίθηκο" (Continenza, 2004: 136). Στο τέλος της συζήτησης, κάθε πλευρά πίστευε ότι είχε κερδίσει το πάνω χέρι και έτσι οι διαμάχες συνεχίστηκαν για πολλά χρόνια. Παρ' όλα αυτά, οι ιδέες του Καρόλου Δαρβίνου διαδόθηκαν σε όλο τον κόσμο και η επιστημονική πρόοδος τελικά τον δικαίωσε.

Ομοίως, η Εκκλησία κατέληξε να απορρίψει κάθε αντίφαση μεταξύ της θεωρίας της εξέλιξης και της πίστης, θεωρώντας πλέον ότι η παρέμβαση του Θεού έγινε κατά τη γέννηση του σύμπαντος, στο οποίο έδωσε τους νόμους του. Ωστόσο, άλλες πιο φανατικές θρησκευτικές ομάδες συνεχίζουν ακόμη και σήμερα να αρνούνται τη θεωρία του Καρόλου Δαρβίνου, προτιμώντας την κυριολεκτική ανάγνωση της Βίβλου. Αυτές οι ομάδες που ονομάζονται δημιουργιστές απαντώνται κυρίως στις Ηνωμένες Πολιτείες και την Αυστραλία.

ΔΑΡΒΙΝΙΣΜΟΣ ΚΑΙ ΝΕΟΔΑΡΒΙΝΙΣΜΟΣ

Μείνοντας μακριά από τις συζητήσεις, ο Κάρολος Δαρβίνος συνέχισε ωστόσο το έργο του και παρείχε επιχειρήματα που υποστήριζαν τη θεωρία του όσο καλύτερα μπορούσε. Έτσι, προέβη σε πολλές άλλες δημοσιεύσεις που υποστήριζαν τους ισχυρισμούς του ή αφορούσαν διαφορετικά θέματα. Γνωρίζοντας ότι δεν μπορούσε να αποφεύγει επ' άπειρον το θέμα, ο φυσιοδίφης ασχολήθηκε και με το ζήτημα του ανθρώπου στο βιβλίο του *The Descent of Man, and Selection in Relation to Sex (Η καταγωγή του ανθρώπου και η επιλογή σε σχέση με το φύλο)*, το οποίο δημοσιεύτηκε το 1871, και ακολούθησε το *The Expression of the Emotions in Man and Animals (Η έκφραση των συναισθημάτων στον άνθρωπο και στα ζώα)* την επόμενη χρονιά. Σε αυτά τα δύο βιβλία, ο

Κάρολος Δαρβίνος τοποθέτησε τον άνθρωπο ανάμεσα στα θηλαστικά, τα οποία, όπως και τα άλλα είδη, κατάγονται από έναν κοινό πρόγονο. Ο άνθρωπος υπόκειται επίσης στην εξέλιξη. Ωστόσο, ο φυσιοδίφης δεν έβλεπε τον άνθρωπο ως προϊόν της φυσικής επιλογής, αλλά ενός άλλου παράγοντα, δηλαδή της σεξουαλικής επιλογής, η οποία, αν και λιγότερο αυστηρή, εμφανιζόταν και σε άλλα είδη. Τα πιο όμορφα και δυνατά αρσενικά είχαν περισσότερες πιθανότητες να αναπαραχθούν και να αποκτήσουν απογόνους.

Αν και επικρίθηκε έντονα, ο Κάρολος Δαρβίνος είχε και ορισμένους υπερασπιστές, οι οποίοι βρίσκονταν κυρίως στη νεότερη γενιά των φυσιολόγων που θεωρούσαν το έργο του επαναστατικό στον τομέα της επιστήμης. Γεννήθηκε ο δαρβινισμός, ο οποίος υπερασπίζεται τη θεωρία της εξέλιξης. Κατά τα τελευταία χρόνια της ζωής του Δαρβίνου και πολύ αργότερα, πολλοί ερευνητές συνέχισαν το έργο του. Το ζήτημα του ανθρώπου εξακολουθούσε να αποτελεί αντικείμενο συζήτησης, ωθώντας πολλούς επιστήμονες να αναζητήσουν τον χαμένο κρίκο, κάνοντας υποθετικά τη σύνδεση μεταξύ πιθήκου και ανθρώπου. Το 1856 βρέθηκαν στη Γερμανία απολιθωμένα λείψανα Νεάντερταλ. Οι υποστηρικτές της θεωρίας του Δαρβίνου έσπευσαν να τα θεωρήσουν ως ένα προγενέστερο στάδιο της ανθρώπινης εξέλιξης. Αργότερα, τον 20ό αιώνα, άλλα απολιθώματα θα έδειχναν επίσης την εξέλιξη του ανθρώπου, από τον *Homo erectus* στον *Homo habilis*.

Εν τω μεταξύ, το 1865, ο πρόδρομος της γενετικής, ο Γκρέγκορ Μέντελ (1822-1884), ανακάλυψε τους νόμους της κληρονομικότητας και των γονιδίων, οι οποίοι ενίσχυσαν τη θεωρία της εξέλιξης, αν και ο Δαρβίνος δεν είχε λάβει γνώση αυτών των θεωριών. Στις αρχές του 20ού αιώνα, τα έργα του Μέντελ παραλληλίστηκαν με τη θεωρία της εξέλιξης, δημιουργώντας τον νεοδαρβινισμό ή τη "σύγχρονη εξελικτική σύνθεση". Συμπληρωμένη από τη γενετική, η θεωρία του Δαρβίνου έγινε αναπόφευκτη και εξηγούσε απόλυτα τη μετάδοση των παραλλαγών από ένα άτομο στους απογόνους του. Η γενετική και η ανακάλυψη της έρευνας του DNA αναστάτωσαν επίσης την έρευνα για την ανθρώπινη εξέλιξη. Οι επιστήμονες ανακάλυψαν ότι ο άνθρωπος ήταν ξάδελφος του πιθήκου και όχι άμεσος απόγονος. Η έρευνα για τον χαμένο κρίκο σταμάτησε υπέρ του αρχαιότερου προγόνου που ήταν κοινός για τους ανθρώπους και τους πιθήκους.

Αν και ο Κάρολος Δαρβίνος πέθανε στις 19 Απριλίου 1872, το πρωτοποριακό βιβλίο του παραμένει ένα από τα σημαντικότερα έργα της ιστορίας, σημαδεύοντας βαθιά τις επιστήμες και τις φιλοσοφικές αντιλήψεις για τη φύση και τα είδη, συμπεριλαμβανομένου του ανθρώπου. "Ενώ αυτός ο πλανήτης έκανε κύκλους σύμφωνα με τον σταθερό νόμο της βαρύτητας, από μια τόσο απλή αρχή αναπτύχθηκαν και εξελίσσονται ατελείωτες μορφές οι πιο όμορφες και οι πιο θαυμάσιες". (Δαρβίνος 2008).

ΠΕΡΙΛΗΨΗ

- Ο Κάρολος Δαρβίνος γεννήθηκε στις 12 Φεβρουαρίου 1809 στην Αγγλία. Φτωχός μαθητής, άρχισε να σπουδάζει για να γίνει γιατρός και πάστορας, χωρίς όμως να τον ενδιαφέρει πραγματικά. Ωστόσο, ήταν παθιασμένος με τις φυσικές επιστήμες και ανέλαβε μια συλλογή φυτών και εντόμων.

- Στο τέλος των σπουδών του, ο νεαρός είχε την ευκαιρία να συμμετάσχει στην αποστολή του *Beagle που έκανε τον γύρο* του κόσμου ως φυσιοδίφης. Αποδεχόμενος την προσφορά, ξεκίνησε το ταξίδι του στις 27 Δεκεμβρίου 1831. Το ταξίδι αυτό οδήγησε τον Κάρολο Δαρβίνο στο να γίνει διάσημος φυσιοδίφης.

- Τον Απρίλιο του 1832, ανακάλυψε το τροπικό δάσος και συγκλονίστηκε από την αγριότητα της φύσης και τον αγώνα μεταξύ των διαφόρων ειδών για επιβίωση. Αυτό το όραμα απείχε πολύ από την ιδέα μιας γενναιόδωρης φύσης σύμφωνα με τη θεία βούληση. Αυτή η εμπειρία άλλαξε για πάντα τη σκέψη του Δαρβίνου.

- Το *Beagle* έφτασε στη Γη του Πυρός τον Δεκέμβριο του 1832. Μελετώντας τις φυλές της Γης του Πυρός, ο Δαρβίνος είδε τις ιδέες του για την προέλευση του ανθρώπου να ανατρέπονται πλήρως. Δεν έβλεπε τον άνθρωπο ως ξεχωριστό και ανώτερο από τα άλλα ζώα, αλλά ως ένα θηλαστικό όπως όλα τα άλλα.

- Η αποστολή έφτασε στα νησιά Γκαλαπάγκος τον Σεπτέμβριο του 1835. Σε αυτό το αρχιπέλαγος, ο νεαρός φυσιοδίφης είχε την ευκαιρία να θαυμάσει τα στοιχεία της εξειδίκευσης και της παραλλαγής των ειδών μέσω των σπίρνων, από τους οποίους ανακάλυψε όχι λιγότερους από 13 διαφορετικούς τύπους, που διαφοροποιούνταν από το μέγεθος του ράμφους τους.

- Επιστρέφοντας στην Αγγλία το 1836, ο Κάρολος Δαρβίνος άρχισε αμέσως να αναλύει τις σημειώσεις του και να καταγράφει τη συλλογή του, εμπιστευόμενος μάλιστα ορισμένες από τις συλλογές του σε διάφορους ειδικούς προκειμένου να συγκεντρώσει όσο το δυνατόν περισσότερες πληροφορίες. Μέχρι το 1839 έγραφε βιβλία για τη θεωρία του περί εξέλιξης.

- Συλλέγοντας όσα περισσότερα στοιχεία μπορούσε, ο Δαρβίνος περιτριγυρίστηκε από πολλούς ειδικούς και συνέχισε την έρευνά του. Τελικά έθεσε τα θεμέλια της θεωρίας του ορίζοντας τη φυσική επιλογή ως το έναυσμα της εξέλιξης και τον αγώνα για επιβίωση ως την κινητήρια δύναμη. Ωστόσο, ανησυχώντας για τον αντίκτυπο που θα μπορούσε να προκαλέσει μια τέτοια αναστάτωση, ο Κάρολος Δαρβίνος χρειάστηκε είκοσι χρόνια για να γράψει το βιβλίο του.

- Αφού έγραψε αρκετά προσχέδια το 1842 και το 1844 και τελικά άρχισε να το γράφει πραγματικά το 1856, ο Κάρολος Δαρβίνος έσπευσε να ολοκληρώσει τη δημοσίευση του έργου του. Ένας άλλος φυσιοδίφης, ο Άλφρεντ Γουάλας, είχε καταλήξει στο ίδιο αποτέλεσμα με εκείνον και υπήρχε ο κίνδυνος να δημοσιεύσει πρώτος τη θεωρία του.

- Στις 24 Νοεμβρίου 1859 δημοσιεύτηκε η νέα θεωρία της εξέλιξης με την ονομασία "Η *καταγωγή των ειδών μέσω της φυσικής επιλογής*". Το βιβλίο ήταν τόσο επιτυχημένο που επανεκδόθηκε έξι φορές μέχρι το 1866.

- Το βιβλίο του Κάρολου Δαρβίνου προκάλεσε αμέσως αντιδράσεις, ιδίως μεταξύ των εκπροσώπων της Εκκλησίας. Παρ' όλα αυτά, ο φυσιοδίφης συνέχισε το έργο του και καταπιάστηκε με το ζήτημα της καταγωγής του ανθρώπου και της εξέλιξής του, καταρρίπτοντας για πάντα τις φιλοσοφικές ιδέες της εποχής του.

- Ο Κάρολος Δαρβίνος πέθανε στις 19 Απριλίου 1872.

ΜΑΘΕΤΕ ΠΕΡΙΣΣΟΤΕΡΑ

ΒΙΒΛΙΟΓΡΑΦΙΑ

Bowlby, J. (1992) *Charles Darwin: Δαρβίνος: Μια νέα ζωή*. Νέα Υόρκη: Norton & Company.

Brosse, J. (1999) *Les tours du monde des explorateurs. Les grands voyages maritimes, 17641843*. Paris: Bordas.

Continenza, B. (2004) *Darwin, l'arbre de vie*. Παρίσι: Pour la Science.

Darwin, C. (2002) *Αυτοβιογραφίες*. Λονδίνο: Penguin.

Darwin, C. (2008) *On the Origin of Species*. Oxford : Oxford World's Classics.

Histoire universelle : le XIXe siècle en Europe et en Amérique du Nord (2007) *Création de l'Empire britannique*. Παρίσι: Hachette.

Histoire universelle : le XIXe siècle en Europe et en Amérique du Nord (2007) *La science romantique*. Παρίσι: Hachette.

Histoire universelle : le XIXe siècle en Europe et en Amérique du Nord (2007) *Positivisme et science expérimentale*. Παρίσι: Hachette.

Rice, T. (1999) *Voyages : trois siècles d'explorations naturalistes*. Neuchâtel: Delachaux and Niestlé.

Tort, P. (1997) *Darwin et le darwinisme*. Paris: Presses Universitaires de France.

ΠΡΟΣΘΕΤΕΣ ΠΗΓΕΣ

Desmond, A. Moore, J.A. (1992) *Darwin*. Νέα Υόρκη: Norton & Company.

Ruse, M. (2008) *Charles Darwin*. Οξφόρδη: Blackwell.

Ruse, M. (επιμ.) (2013) *The Cambridge Encyclopedia of Darwin and Evolutionary Thought*. Cambridge: Cambridge University Press.

Ruse, M. and Richards, R.J. (2016) *Debating Darwin*. Chicago: University of Chicago Press.

Strager, H. (2016) *A Modest Genius: The Story of Darwin's Life and How His Ideas Changed Everything*. CreateSpace Independent Publishing Platform.

ΕΙΚΟΝΟΓΡΑΦΙΚΕΣ ΠΗΓΕΣ

Βολταϊκός σωρός, εικόνα από το βιβλίο *Leçons de Physique* της Louise Margat-L'Huillier. Παρίσι: Vuibert et Nony, 1904. Εικόνα αναπαραγωγής χωρίς δικαιώματα.

Carl Linnaeus, χαρακτική από το βιβλίο *Famous Men of Science* της Sarah K. Bolton. Νέα Υόρκη: Crowell & Co., 1889. Εικόνα αναπαραγωγής χωρίς δικαιώματα.

Ο Κάρολος Δαρβίνος σε ηλικία 7 ετών, από την Ellen Sharples, 1816. Εικόνα αναπαραγωγής χωρίς δικαιώματα.

Alfred Russel Wallace, 1908. Εικόνα αναπαραγωγής χωρίς δικαιώματα.

Le HMS Beagle στη Γη του Πυρός από τον Conrad Martens. Ο πίνακας αυτός φιλοτεχνήθηκε κατά τη διάρκεια του ταξιδιού του *Beagle* (1831-1836). Εικόνα αναπαραγωγής χωρίς δικαιώματα.

Οι σπίνοι του Δαρβίνου, 1845. © John Gould.

ΤΑΙΝΙΕΣ ΚΑΙ ΝΤΟΚΙΜΑΝΤΕΡ

Darwin et la Science de l'évolution. (2003) [Ντοκιμαντέρ]. Valérie Winckler. Dir. Γαλλία: France, Trans Europe Film, CNRS Images.

Ο Κάρολος Δαρβίνος και το Δέντρο της Ζωής. (2009) [Ντοκιμαντέρ]. David Attenborough. Writ. UK: British Broadcasting Corporation, The Open University.

Δημιουργία. (2009) [Ταινία]. Jon Amiel. Σκηνοθεσία: Ηνωμένο Βασίλειο: Amiel: Recorded Picture Company.

Le Grand Voyage de Charles Darwin. (2009) [Ντοκιμαντέρ]. Hannes Schuler και Katharina von Flotow. Dir. France: Les Films du Paradoxe.

ΜΟΥΣΕΙΑ ΚΑΙ ΑΝΑΜΝΗΣΤΙΚΑ ΜΝΗΜΕΙΑ

Down House, το σπίτι του Καρόλου Δαρβίνου, Down, Kent (Ηνωμένο Βασίλειο).

Μνημείο του Κάρολου Δαρβίνου, Shrewsbury (Ηνωμένο Βασίλειο).

Μουσείο Φυσικής Ιστορίας, Λονδίνο (Ηνωμένο Βασίλειο).

Άγαλμα του Κάρολου Δαρβίνου στο Μουσείο Φυσικής Ιστορίας, Λονδίνο (Ηνωμένο Βασίλειο).

Θέλουμε να σας ακούσουμε!
Αφήστε ένα σχόλιο για την ηλεκτρονική σας βιβλιοθήκη
και μοιραστείτε τα αγαπημένα σας βιβλία στα μέσα κοινωνικής δικτύωσης!

Ο εκδότης διασφαλίζει την αξιοπιστία των πληροφοριών που δημοσιεύονται, η οποία όμως δεν μπορεί να αποτελέσει ευθύνη του.

Κύριο ISBN: 9782808600392
ISBN: 9782808601849
Νόμιμη κατάθεση: D/2022/12603/185

Ψηφιακός σχεδιασμός: Primento,
ο ψηφιακός συνεργάτης των εκδοτών.

9 782808 601849